JN410440

이제 반딧불을 밝혀야겠다

박성규 시집

문학의전당 시인선
0252

이제 반딧불을 밝혀야겠다

박성규 시집

문학의전당

시인의 말

다시 봄,
겨울이 길었다지만
아름다웠던 것들을
가슴에 묻어
싹을 틔우리라
새싹이 돋으면
못다 부른 노래를 부르리라
언 땅에 돋아나는 새싹들처럼
희망의 노래를 부르리라
구름도 바람도 쉬어 가도록
노래를 부르리라

고향의 봄은
늘 따뜻하니까.

2017년 3월 봄날
박성규

차례

시인의 말

제1부

달구지 13
나는 유령 14
슈퍼문 15
형산강의 별 16
뻐꾸기 울던 날 18
실종신고 19
그날 밤의 악몽 20
피마자 22
실수의 변명 23
숨바꼭질 24
새싹들의 소야곡 26
우편엽서 27
이웃사촌 28
순리 30
미련 31
홍정 32

제2부

거울을 보다가 35
유전법칙 36
움막 설계 37
경계측량 38
동짓날의 비애 39
달의 밥 40
가방 42
그늘도 막이 있다 43
자정 44
황제가 되다 46
타타타 47
동지(同志) 48
감기몸살 49
촌놈 연습 50
용맹정진 51
입춘 52

제3부

별 하나 나 하나 또 하나 55
입택 56
스러진 길 57
짜스기 마랴 58
주전의 달 59
체면치레 60
사랑을 읽다 62
몽환의 흔적 63
국민교육헌장 64
백로 66
눈싸움 67
생존기술 68
까치밥 69
늦가을 소묘 70
소나기 오던 날 71
황혼을 찾아가는 길 72
우리 땅 74

제4부

모내기 77

지진, 그 후 78

일기예보 79

방하착(放下着) 80

전입신고 82

브레이크 달린 눈 83

나비의 랩소디 84

은하수 85

표정관리 86

청춘 87

하루살이를 쓸어내다가 88

장돌뱅이 89

실업급여 90

꿩 대신 닭 91

벽돌 쌓기 92

고민 93

조원 공전 94

내가 할 수 있는 일 95

수북3길 27-8 96

해설 | 농담(濃淡)에 얽힌 삶의 시학 97
박지영(시인·문학평론가)

제1부

달구지

삐거덕거리는 소리가 들렸다
오래도록 끌어서 나는 소리였다
주위를 돌아봐도 흔적이 없었다
분명 달구지 소리였다
지친 육신을 끌고 가는 나뿐이었다

내가 달구지였다

나는 유령

태어난 적도 없고
죽은 적도 없다
호적에 등재된 이름
증명할 방법 없다

증인은 이미 사라졌다
사건 당사자들이 없으니
그냥 뜬소문만 무성할 뿐이다

존재가 존재를 확인하는 시대
남이 불러주는 이름도
내 이름이라고 말 못한다

내가 거처하는 세상에는
유령들만 득실거린다

유령끼리 잘 어울려야 하는 시대
그 속에 내가 있다

슈퍼문

바다에서 세수했다며
토함산 위로 떠오른 달
몰골이 희멀겋다

비누가 없었나
샴푸가 없었나

아무리 봐도
몰골이 수상하다

바다 건너편에서
자다가 일어났다 보다

그렇지?
그렇지 않고서야
저리도 퉁퉁 부을 순 없지

형산강의 별

형산강에 별이 떨어졌다
별 찾아 달려 나갔지만
흔적 없다
어디에 숨었을까
어디로 사라졌을까
바람을 피해 되돌아온 발걸음이
정강이를 눌렀다

밤 지나고,
별 찾기 위해 다시 형산강에 나갔다
물소리가 쉬어 가라 하는데도
한사코 거부하며 찾아도
보이지 않았다
밤새 물길 따라 떠내려갔을까

다시 밤이 오고,
별이 떨어지기를 기다렸다
별은 떨어지지 않았다

떨어질 별이 없는 것일까
별은
매일 떨어지지 않는 모양이다

반짝거렸던 저 모래
별이었을까

뻐꾸기 울던 날

빈집털이 전문가가
동네 근처에 왔단다

제비에겐 방 한 칸
세 주는 한이 있더라도
집은 절대 비우지 말아야 한다

오죽하면 통장님이
쉰 목소리 가다듬은 방송으로
문단속까지 당부하실까

뻐꾸기가 울면
집을 비우지 말아야 한다

까닭일랑 묻지를 말고

실종신고

산비탈 언덕배기
웃자란 보리 하늘거려도
종다리 보이지 않는다

땅거미가 내려와도
보이지 않는다

이사 갔을까
돈 벌러 갔을까
노숙자 됐다는 소식 없으니
어디로 갔을까

실종신고 전단지
하늘에다 뿌려야지

그날 밤의 악몽

얼마 전, 산 너머 동네에서
사나운 개가 짖어댔다

배가 고파서일까
낯선 사람들 때문일까
전국이 화들짝 놀라자빠졌다 했다
그 순간에는 전화기조차 불통이었다
정적에 휩싸였다

어제도 그 개가 짖었다
망할 놈의 개 새 키
보신탕집은 뭣하고 있을까
저런 개는 빨리 도살시켜야 하는데

아니다 무슨 일이 있었나보다
죽기 살기로 으르렁거리는 것이

수백 번 목이 쉬도록 울었으니

지칠 때도 되지 않았나

꿈에도 따라와 짖어대는 것이

피마자

집을 짓기 위해
땅을 돋웠더니
피마자 몇 포기
싹을 틔웠다

꽃도 맺었다
어디에 있다가 왔을까

어머닌 안 계시지만
저 열매들 익으면
기름이라도 짜둘까

어머니가 피마자로 피어나셔서
집을 빨리 지으라고
독촉하러 오신 것 같다

실수의 변명

적성검사 받아야 할 때인가
눈이 자주 침침해진다
유효기간이 다 됐으려나

익은 고추를 따는데도
따고 보니
태반이 익지 않았다

따기 싫어서 그런 것 아닌데
요령을 피우는 것도 아닌데
자꾸만 익지 않은 고추를 땄다

익은 것과 익지 않은 것
구분조차 못하고 보니
적성검사 받기 두렵다

숨바꼭질

단비가 내리고 나면
호박과 숨바꼭질 한다

술래가 되어서
막대기 하나 들고 호박을 찾아 나서면
어떤 것들은 제자리에 있고
어떤 것들은 제자리에 없다

자고 일어나면 더 그렇다

명 짧은 것은 낙과되고
목숨 건진 것들은
벌 나비한테 짓밟히는 게 일상인데

오늘도 호박 찾으러
이리저리 뒤져보니
알몸 숨기려 넝쿨 속에 숨었다

술래가 되어도
호박 찾기 재미있다

새싹들의 소야곡

텃밭의 잡초를 잡기 위해
비닐을 덮었다

비닐 덮기 전에는
내리지 않던 비
덮은 후부터는 자주 내린다

그럴 때마다 난장판이다
비닐에 떨어지는 빗소리가 가관이다
양철지붕에 떨어지는 소리 닮았다

비닐 안에서 싹 틔운 것들
잠이라도 제대로 자려나

소요한 비닐 속에서
정낭에서 볼일 보듯
몇날 며칠을 쪼그리고 있을 것 같다

우편엽서

속을 보여주었다고
다 보여준 것은 아니다

넓다 하면 넓고 좁다 하면 좁지만
손바닥만큼의 크기라도
행복이나 불행에 대해선
절대 입을 열지 않는다

입을 봉한 편지보다
보여주고서도 비밀을 간직한 엽서
행복은 크기로 재는 것이 아니라 한다

우편엽서
속내를 감춘 당신의 마음을 닮았지만
절대 입을 열지 않는다
함부로 입 벌리고 살지 말라 한다

이웃사촌

민가가 드문 동네에 터 잡았다

사십여 년 갇힌 곳에서 살면서 여생은 열린 곳에서 살겠다고 작심한 덕에 담장도 없고 대문도 없이 집을 지어 하루하루 무릉도원이라 여기며 지냈다

사람과 부딪히며 살지 말자고 작심한 지 여섯 달 만에 호연지기를 외칠 군자가 되지 못해 항복 선언해야 할 처지

그래도 그렇지 조무래기 시절 친구는 많았으나 같이 놀지 못해 추억이라곤 별로 없지만 그래도 따지고 보면 많을 것 같은데

까마귀뻐꾸기두루미백로제비참새하루살이파리모기고추잠자리왕잠자리실잠자리지렁이굼벵이지네개미꿀벌땡벌말벌메뚜기풀무치사마귀베짱이호랑나비배추흰나비하늘소풍뎅이물방개소금쟁이두더지땅강아지청개구리황소개구리무당개구리참개구리무자지고라니고양이반딧불이 있는 곳

살면서 일일이 통성명도 못했지만 스쳐 지나간 인연은 또 얼마나 많으랴 저 모든 것이 나의 이웃사촌 무심한 내가 남탓만 하고 있었다

순리

심을 시기 놓쳐서
어렵사리 심은 감자
하얗게 꽃 피웠네

어여쁜 꽃을 꺾는다는 것
가슴 아픈 일이지만
아버지 말씀을 따르자니
어쩔 수 없었네

이치가 그렇다 하니
어쩔 수 없었네

미련

옆집 키 작은 감나무에
대봉감 하나 달려 있다

까마귀밥이냐고 물었더니
딸랑 한 개라
안쓰러워 못 땄다고 했다

이사 간다는 소문
봄부터 들려왔는데
이사를 빨리 가도록
저 감을 따먹어 버릴까

군침 흘릴 때마다
바람 부는 쪽으로 고개 돌린 감
부끄러운지 빨갛다

홍정

성급함 뿌린 곳에 조급증이 자라는데
텃밭에 뿌린 씨앗은 싹틀 기미 없다

상추 근대 아욱 쑥갓 파 씨를 뿌렸더니
보름이 지나도 싹트지 않는다

쯔쯔
노지에 그냥 뿌렸으니

물을 뿌려주고 비닐을 덮어서
다시 기다리니 싹이 텄다

매사 조건에 따라
홍정할 줄도 알아야 한다
자연 앞에선
절대 고집 피워선 안 된다고

제2부

거울을 보다가

뱀 한 마리
허물을 벗는 중

사십여 년
껴입었던 껍질을
빠져나오는 중

허물을 벗는 일
쉬울 것 같았지만
허물이 말라가는 동안
살집은 풍선이 되어 부푸는 중

돌연변이의 뱀 한 마리
거울 안에서
똬리를 트는 중

유전법칙

손톱 밑에 때가 끼어도
씻으면 되는 일
아버지 손톱은 늘 검으셨다
어릴 적부터 당연한 줄로만 알았다
고사리 내 손
절대 아버지 닮지 않을 거라고 생각했다
그랬던 내 손톱이
이제는 시커멓게 변해 있다
불려서 우려내듯 뽀득 뽀득 씻어도 검다
그 좋다던 비누도 소용없다
시커멓게 되는 것
유전일까
아버지 흉내 내는 걸까
손톱 밑 때만도 못하다는 소리 듣고 자라
손톱 밑의 때 잘 보인 건가

움막 설계

담은 만들지 않을 거야
담이 있으면
새벽안개나 이슬이 오지 못하잖니

세상과 소통이 되어야
제대로 된 집일 거야

담이 없으면
박 넝쿨을 못 올린다 했지
나팔꽃 넝쿨도 못 올린다고 했지만

누구든 바람이 되어
편한 날 편한 마음으로 올 수 있도록
집을 만들 거야

바람이 숭숭 드나들도록
집을 만들 거야

경계측량

내 땅 니 땅
경계가 없는 곳

태양더러 측량하여
지적도를 그려 달랬더니
그림자로 금을 그었다

그림자를 사이에 두고
졸지에 편을 갈라선 잡초들
징징대며 바람소리를 내었다

서로가 서로에게
아침마다 안부를 물을까
번지수도 모르면서
이산가족이 되어버린 저 잡초들

햇살 속에선 친하게 지내던데
그림자 속에선 어떻게 할런지

동짓날의 비애

팥죽을 먹으면
나이를 먹는다 하니
죽 쑤기 싫다

팥도 있고
쌀도 있는데
죽 쑤기 싫다

새알은
새들이 품어야 하는데
가마솥에 던져 넣기는
차마 할 짓이 못된다

동짓날은 슬픔만
한 그릇 들이킨다

달의 밥

통통하게 살이 쪄서 찾아오다가
홀쭉하게 살이 빠져서 찾아오다가
말없이 사라지기도 하는
저 달에게
누가 밥을 해주나

살찌고 살 빠지는 것
체질이라 하더라도
살쪘다가도 홀쭉해지는 것은
분명 이상이 있다는 징후일 텐데

갖가지 운동 수년간 했어도
별반 달라질 것 없었던 체질을 생각하면
분명 저 달은 돌연변이족

사람들은 저 달처럼
살쪘다가 살 빠진다면
입원수속부터 밟고 말 터

식단표가 궁금한 달의 밥

누가 해주고 있을까

가방

집을 나서면
가방부터 들쳐 멘다

이건 습관이다
아낙네들 손가방처럼은 아니지만
폼 잡으려는 건 아니다
가방을 메면 등이 따뜻하기 때문이다

기댈 곳 없었던 타향에서
내가 나에게 기대기 위해 메었던 가방
어쩌면 눈물을 담아두기 위해
메었을지도 모를

그늘도 막이 있다

너와 나
나와 우리
과거와 현재
현재와 미래
그 사이엔 막이 있다

인생살이가 연극이라 했으니
당연히 막이 있을 터
두부 자르듯 자를 순 없어도
긴 여정을 바닥에 패대기쳐놓고 보면
사이사이에 막이 있었던 막
볼 수 있으려나

원두막에 앉아서
햇살과 그늘 사이에 생긴 금을 바라본다
구름 그림자가 원두막을 삼키는 한여름
그늘은
막을 위해 살고 있다

자정

종일 삶과 한판 승부 벌인다
밀리고 밀려서 코너에 몰렸다
언제쯤 반격을 개시해야 할까

막걸리 한 잔에
윤동주를 불러 하소연도 해보고
안주 한 점에
서시를 읊으며
친구로 지내자고 협상도 하지만

창문을 열어보니
역시나 고요한 산하
안개가 밀려올 기미 전혀 없다

내가 잘못했을까
자정이 잘못했을까
물어도 대답이 없다

점 하나보다 못한
자정이다

황제가 되다

처자식 먹여 살리기 위해 담 안에서 영어를 잘해야 했고 승진도 제때 해야 했고 일도 잘해야 했고 공기도 지연 없이 맞춰야 했고 회식이나 야유회에도 참석해야 했고 글로벌리더가 되어야 했는데

담도 필요 없고 영어도 필요 없고 승진도 필요 없고 빨리빨리 할 일도 없고 회식이나 야유회에 끌려가지 않아도 되고 우주 저 먼 곳까지 내가 주인이 되는 곳에 터를 잡으니 황제가 따로 없다

진작 떠나올 걸

타타타

준공검사만으로도
동네 주민이 된 기분이다

기세당당하게 꽃피운 들풀에게
이사 왔다고 인사를 건네도
아는 체도 안 한다

풀의 이름도 내력도 모르듯이
저도 나를 모르는데
성급한 마음 주체할 길 없다

불청객으로 오해하고 있으려나?
때가 되면 반겨주겠지
입에선 타타타*가 흘러 나왔다

---

*타타타: 1. 가수 김국환의 노래. 2. 진여(眞如): 있는 그대로의 것. 꼭 그러한 것을 뜻하는 산스크리트어의 번역어.

동지(同志)

옆집 송아지가 아침 운동 중이다

우사를 뛰쳐나와
닥치는 대로 쏘다닌다
태어난 지 두어 달인데
자유가 그리워 탈출했나

사십여 년 도회지에 살다가
노후를 위해 도시를 빠져나온 나
이제 겨우 터 잡았나 싶은데

옆집 아저씨
송아지 붙들러 다니는 사이
동네 한 바퀴 산책한다

길 따라 차근차근 다니는 나
천방지축 자유로운 송아지
자유를 갈망하는 동지다

감기몸살

허무를 탐독하다가
허망을 알게 되었다

눈에도 들어오지 않는 책을 펼쳐놓고
오고감이 없다는 생사를
탓하려니 그렇고
모른 척하려니 무안하다

하루 종일
관심사가 무엇이든
다 때가 되면 제자리로 돌아가는 순리를 두고
엉뚱한 짓거리만 골라 하는 심사

오늘도 생명이 있는 것들
두루두루 제자리에 있기를 기도하지만
아무것도 없는,
덧없는 삶이라 자책하다
삼 정한나

촌놈 연습

논두렁에 쪼그리고 앉아
쑥을 캔다

끼닛거리 걱정이셨던 어머니
쑥을 캐 오시면
밀가루 듬성듬성 묻혀
쑥버무리 해주셨는데
어머니도 안 계신 지금
이순이 다 된 머스마가
소쿠리 대신 비닐봉지를
칼 대신 가위를 들고
논두렁에 쪼그리고 앉아 쑥을 캔다

몰골이 부끄러우니
누가 쑥 캐느냐고 묻는다면
절대 쑥 캔다고는 말하지 않겠다
가위로 싹둑싹둑 자른다고 해야겠다

용맹정진

자갈을 걸러낸다
한때는 푹신푹신한 논이었지만
성토를 위해 작업하다 보니
논이 자갈밭 되었다
멀쩡한 논을 폐허로 만든 죄
죗값을 치러야만 한다
갈퀴로 긁어모아 걷어내지만
끝이 안 보일 정도로 자갈이 많다
저 자갈이 전부 돈이면 어떠랴
오늘도 자갈을 걸러낸다
푹신푹신해지는 그날까지
고행의 길이 험할지라도

입춘

건넛집 창고에서
겨울잠 자고 나온 트랙터가
기지개 켜러 논으로 나왔다

겨우내 터 잡고 살던 까마귀들
졸지에 내쫓겼다
계약기간이 남았어도
불평 한번 못해 보고 내몰렸다

저리도 내몰리면 어디로 갈까
다리 뻗을 곳은 찾을까

철 따라 왔다가 철 따라 가는데
무정한 트랙터는 사정 봐주지 않았다
트랙터가 기지개 켠 자리엔
이미 봄이 입주를 했다

까마귀가 겨울 봇짐 싸서 떠난 듯했다

제3부

별 하나 나 하나 또 하나

사방이 고요하니
눈 깜빡이는 별은
잠재워야겠다

개구리 소리 요란하니
서성거리는 별에게는
반딧불 밝혀주어야겠다

봉화골 바람이
불 꺼놓은 방 안 염탐하고 지나가면
돗자리 깔고 누워야겠다

내 모습 궁금해
눈 초롱초롱해진 별 탓할 수 없으니
찬 이슬 내릴 때까지
별 하나 나 하나 또 하나*
노래 불러주며 재워야겠다

---

*윤정하 또는 한영애의 노래.

입택

비가 세차게 내린다
새로운 역사가 이루어지겠다
발정 난 봄비가
지붕을 베고 잠든 어둠을
겁탈하면서부터다
봄비가 저리도 발정을 했으니
어둠이 어찌 버티랴
조만간 들녘은
봄비의 자식들이 판치겠다
날 밝으면
지붕부터 쳐다봐야겠다

스러진 길

천 년 전 저 벌판
누군가가 지나갔겠지

여름 들녘은 초록인데
겨울이면
텅 빈 벌판

돌 굴리며 지나갔을 사람들*
종점이 가까운 길이라고
젖 먹던 힘까지 쏟아내며 지나갔을

그래
말하지 않아도 안다
이따금 부는 바람 쉬어 갈 곳 없지만
그 옛날 그 순간을 기억하는 저 벌판
오늘도 침묵이다

---

*불국사와 석굴암을 짓기 위해 돌을 운반했을 옛 선인을 생각함.

짜스기 마라

친구 하나를 먼저 보냈다
뱃놈이었다
해양대학인가 어디를 졸업하고
삼십여 년 동안 배를 탔다는 놈
장생포 앞바다 속이 궁금하다고 들어간 후
몇 며칠 나오질 않더니만
바다 속을 실컷 구경하고 나와서는
영정 속으로 들어가 버렸다
어차피 갈 곳이지만 먼저 보냈다
어느 날 술잔을 마주하다가
"야, 시발노마
이것도 시냐.
시는 마리다……" 하면서
술잔을 비우곤 했던 녀석의 영정과 마주앉아
술잔을 들려니 목이 멨다
짜스기 마랴
나한테 절 받고 싶어서
그랬던 거 같다

주전의 달

어둠이 기웃거리는 바닷가에서
보름달 기다리는데
그대는 누구를 기다리고 있나요?

꽃게가 놀던 백사장에서
발자국을 따라가는데
그대는 누구를 따라 가고 있나요?

둥근 달이 솟구칩니다
파도가 갈라놓았던 바다를 메웁니다
바다와 달이 오순도순 지내다가
꽃게는 귀가를 하고
달 또한 중천으로 물러납니다

주전 바다에 둥근달이 뜬 오늘
그대는 심심한 밤을 보낼 것 같습니다

체면치레

수련 한 포기 이사를 왔다
홀몸이라 짐이 없다 싶어도
진흙과 다슬기가 함께 따라왔다

오긴 잘 왔는데
거처할 곳 마땅찮다
넓은 정원에서 살았다는데
누추하다고 되돌아가라고 할 수도 없다

고리 빠진 양동이에 거처를 마련했다
이삼 일 지나니 저도 발을 뻗었는지
하얀 꽃 한 송이 피웠다

진흙 속에서 꽃을 피운다지만
이사 올 때 가져온 냄새를 차마 맡을 수 없어
수돗물을 주자니 격에 맞지 않아

체하지 않도록

개구리밥 동동 띄운 논물 한 바가지 퍼 주었다
겨우 체면치레 했다

사랑을 읽다

참말로 너는
참꽃 피는 봄에
참빗으로 머리를 빗은 자세로
참한 색시인 양 하더라

참새가
참이슬을 마시고
참깨 털어먹고 들판을 날아 다녀도
참비늘 나물에
참기름 한 방울 넣고 비벼 먹더라

참사랑이 바로 이런 것이라고
참다운 마음에 풋풋한 네가 녹아버리더라
참말로 가슴 설레게 하더라

참한 말이
참신한 너를 보고 사랑이라 읽더라
참 좋은 인연이라고 말하더라

몽환의 흔적

늦은 시각
플랫폼에 발을 내딛을 때
바람이 쏜살같이 지나갔다

웬일인가 싶어 뒤돌아보니
갈래머리 소녀가 손을 흔들고 있었다

눈을 몇 번이나 비볐다
타임머신에서 내린 것 같았다
갑자기 맥박이 빨라지고
멈춰선 발걸음은 이미 굳어버렸다

열차가 다시 떠나고
정신을 차리고 나니
타임머신이 사라지고 없었다
바람이 쏜살같이 지나갔다

국민교육헌장

어느 누군가가
독재자의 노래라 했다

사상에 대해선 문외한인데
동서고금 미풍양식 다 뒤져도
이보다 좋은 글귀 또 있으랴

엄동설한 운동장에 서서
달달 외워야만 입실을 하고
외우지 못하면
벌세우시던 선생님이 독재자였던가!

머리가 허옇게 변해가는 지금
민족중흥은 일으키지 못했지만
국민교육헌장을 옹알거리던 시절
같이 벌섰던 친구들이 떠오른다
회초리를 들고 지키시던 선생님도 생각난다

길들이려 만들었다 하는데
길들여지지 않는 나
내가 독재자였다

백로

백로 한 마리
경전 공부를 한다
추수를 끝낸 벌판
점자책으로 만든 대장경이다

똑똑한 기러기
날아가면서 읽어도 깨닫고
둔탁한 까마귀
경전을 읽을 때는 깨닫는 듯하다가
잊어버리면 되돌아오지만

우둔한 백로
이른 봄부터 시작해도 아직도 공부 중이다

경전을 밟고 있으면서도
점자를 터득하지 못했는지
깨닫지 못한 거
미친한 나 닮았다

눈싸움

길고양이 한 마리 고무 통에 올라가
거실 안을 훔쳐본다

나는 벽에 기대어
거실 밖을 내다본다

힘없는 눈으로 두리번거리다가
서로 눈이 마주치면 피해버린다
그러다가 다시 눈이 마주치면 눈싸움을 한다
서로 지지 않으려 핏기가 어리도록 용을 쓴다

그러기를 서너 번
힘주었던 눈을 해방시키고 나니
하늘이 어두컴컴했다

눈이 오면
다시 눈싸움 해야겠다

생존기술

이른 새벽
메뚜기 사냥 나간다

이슬이 마르기 전에
잡아야 한다

이슬이 마르면
쏜살같이 날아가 버린다

그마저도 날아가지 않는 놈
땅으로 뚝 떨어져 버린다

사십여 년 붙잡고 있었던
내 밥줄 놓듯이

매달린 손을 놓고는
유유히 기어서 간다

까치밥

까치도
서로 교신하기 위해선
안테나를 달아야 하는 법

감나무 꼭대기에
홍시 하나 달아놓고
교신한다지

날개를 퍼덕이면
잡음 심한 게
탈이지만

매년 최신모델
위성안테나라고
자랑한다지

늦가을 소묘

눈동자가
하늘과 바다와
강물과 들판을
윤이 나도록
닦아놓았다

수저만 들면
진수성찬 되도록

소나기 오던 날

비행접시가 출현했다

가까이 다가가면
파문을 일으키고선
이내 사라져버렸다

순간이동 하는 걸까
애간장을 녹였다

사라지기 전에
모스라도 쳐볼 걸

황혼을 찾아가는 길

혼자
걸어서걸어서걸어서걸어서걸어서걸어서
걸어서걸어서걸어서걸어서걸어서걸어서
걸어서걸어서걸어서걸어서걸어서걸어서
간다

정처 없다

그냥
걸어서걸어서걸어서걸어서걸어서걸어서
걸어서걸어서걸어서걸어서걸어서걸어서
걸어서걸어서걸어서걸어서걸어서걸어서
간다

행여
잘못 들어선 길인지
몰라도

혼자 간다
그냥 간다

우리 땅

종다리 없는 땅
우리 땅 아녀

봄이 없는 땅
우리 땅 아녀

고향 떠난 종다리
이사 가서도 둥지를 틀지 못한다면
우리 땅 아녀

정말
우리 땅 아녀

제4부

모내기

무논에
갓 입학한 신입생들
조회하려고
줄지어 서 있네

지진, 그 후

밭두렁에 걸터앉은 호박
누렇게 익어가나 싶더니만
넝쿨째로 굴러 떨어졌다

꼴에는 호박이라지만
좌정한 모습이 부처상이라고
지나던 사람마다 입 댔다

그런 호박이
일어서려다 넘어진 것도 아니고
자면서 몸부림친 것도 아닌데도
굴러 떨어지고 말았다

호박이 넝쿨째 굴러오면
횡재한다고 하는데
저리 굴러 떨어지고 말았으니
후한을 걱정해야 하나

일기예보

청개구리가 울면
소나기 내린다 했지요

청개구리 울어도
소나기는 내리지 않았어요

믿을 놈 없다더니
매일 속고만 사네요

오늘도 약 올린다고 그러는지
청개구리가 울어요

퇴화했을까 진화했을까
진실이 무엇인가요

후덥지근한 날씨가
청개구리만 탓하네요

방하착(放下着)

천년을 살면
뜻하는 일 이룰 수 있을까

일백년도 못 산다는 생
뜻을 이루지 못한 지난날이
시간이 지날수록 아쉬웁다

큰소리칠 수도 없고
인생을 논할 자격도 없어
매사 도긴개긴인데
욕심이 너무 많아서 그런가
이루지 못한 일들 끝내 아쉽다

진정한 생은
처음부터 그 자리에 있었는데
있는 것도 깨닫지 못한 어리석음으로
투덜거렸던 졸장부

뒤늦게 화두 하나 끌어안는다

방하착

전입신고

소신껏 살기 위해선
올바른 등골이 있어야 하는가

고향을 떠난 후부터
불의와 타협하지 않으려
등을 꼿꼿이 세우고 살았지만

일에서 손을 뗀 후
고향으로 돌아오니
기름진 몸과 가쁜 호흡에
등이 굽어지지 않는다

등이 부드러워 질려면
삽질과 괭이질을 하면 되려나

전입신고가 혹독하다

브레이크 달린 눈

밋밋한 겨울 싫다
제대로 된 겨울 맛보고 싶다

유년시절 얼음은
그리도 잘 얼더니만
요즘은 삼동 겨울 내내 얼까 말까
겨울 재미라곤 쥐뿔도 없다

전국적으로 눈 내린다 하여
눈 맞을 채비한다
이왕 오는 눈
폭설이면 좋으련만

땅거미 따라 눈발이 날렸다
저녁 먹고 마당에 나오니
뚝 그쳐버렸다
눈은 성능 좋은 브레이크 달았나 보다

나비의 랩소디

무언가를 밟고 있었지요
밟혔는데도 표 나지 않았어요
그것이 궁금한 바람
나비의 날개를 쿡쿡 쑤셔요
간지러움과 아픔을 참아가면서도
나비는 제자리를 지켰지요
봄도 그런 까닭을 몰랐고
꽃도 나비의 사연을 몰랐지요
화려한 날개가 되지 못해서일까요
바람은 수시로 나비의 날개를 쑤셨지요
날개를 펼쳤다가 붙이고
붙였다가 펼치는 동안
나비에게 밟힌 것
그제야 낌새를 알아차리고
몸을 흔들어댔지요

은하수

밤하늘에 흩어져 있는 소금
고무래로 쓱쓱 끌어 모은다
아무리 끌어 모아도 그대로다
부대에 퍼 담으려고 하면
소나기 한 줄금 뿌려 만사가 허탕이 되지만
게을리 하다간 평생 못 퍼 담을 양이다
오늘도 소금을 끌어 모은다
고무래를 더 크게 만들어 끌어 모을까
헛짓하지 말라고
개구리가 자꾸만 울어대는 밤이다

표정관리

내 땅에
집 지어서
편하게 살고 싶었다

아파트 중간에 끼어
허공에 매달려 살다가
자투리땅 등기필증 받아들고 보니
천하를 얻은 기분이다

소원 하나 이루려다가
김칫국부터 마신 것 같다
체하지는 말아야 하는데

늘그막에 애인 생긴 듯
속내를 감추지 못하고
입이 헤벌쭉 벌어졌다

청춘

바다가 아른거리네
그리움이 몸부림치는 지금
더더욱 아른거리네

마냥 바다로 갈 수 없어
신세타령하던 차에
소나기 한 줄금 오네
바다 냄새가 폴폴 날리네

해산물 택배라도 왔을까
손발을 씻으려 양동이 물을 푸려니
소금쟁이 몇 마리 멱 감고 있네
깜빡 속고 말았네

냄새에 홀딱 속고 나니
그리움이 그리움을 재촉하네

하루살이를 쓸어내다가

내가 죽으면 무엇을 묻어줄까
애지중지한 물건도 없고 시봉해준 자도 없어
깨끗하게 묻히면 그만이라 마음은 편하다만

순장제도가 없어진 것이 다행인가
유언만 제대로 남긴다면
가는 길 섭섭하지 않게
노잣돈 넣어주겠지
담배와 재떨이 정도는 묻어주겠지
핸드폰은 어찌 하려나
TV 리모컨과 안경도 있는데

아침마다 하루살이 주검을 쓸어낸다
오늘도 수북하게 주검을 쓸어 담는다

하루살이가 아닌 나
살면서 맺은 인연 많아서
복 받은 것 같다

장돌뱅이

감나무가 없으니 집이 허전하다
감꽃 필 때 되니 더 아쉽다

미리 심었더라면
병아리 같은 감꽃이 필 텐데
호계장 입실장 불국장 어일장
어디에 가서 묘목을 구할까

지금이라도 몇 그루 심어놓으면
내년에는 꽃이 필 걸
묘목을 구할 때까지는
오일장마다 장돌뱅이가 되어야 한다

장날마다
감나무 묘목 찾아 가야 한다
이산가족 상봉하듯이

실업급여

재고품도 되지 못하고
반품용으로 전락한 후
남은 생을 계산했다

할 수 있는 일과
하지 못하는 일을
차변과 대변에 놓고 따지니
밑지는 장사다

십 년만 더 산다면
이십 년만 더 산다면
삼십 년만 더 산다면
사십 년만 더 산다면
오십 년을 더 산다면

이름 석 자
세월 앞에선 어쩔 수 없다고
덜덜덜 떨었다

꿩 대신 닭

술안주 하려고
담치를 삶았다
낱낱이 헤집어도
먹을 것이 없다

겉껍질은 번지르르해도
까고 보니 맹탕이다

우린 국물도 시원찮다고 구시렁거리다
애꿎은 소주만 오롯이 들이킨 밤
번지르르한 것에게 눈독 들이지 말자며
사과 깎는다

겉과 속이 달라도
담치보다 좋다

벽돌 쌓기

집을 지었다
겉모양이 낯설어
벽돌을 쌓아 올렸다
손에 손잡고
어깨동무도 하고 목마도 타고
꼭대기까지 올라가는 벽돌
바람이라도 나면……
이 빠지듯이 쑤욱 빠지면
어깨동무도 풀어지고
목마를 탄 것도 무너질 텐데
그랬다
혼신의 힘 다해 지탱했다
5·8 지진에도 견뎠다
제 분수 지킨 벽돌
고마웠다

고민

현관문 앞
접시꽃을 보초로 세웠다

휑한 집이 될 것 같아
초봄부터 서둘러 심었다

처음에는 그럴싸한데
꽃을 피우면서부터
지키라는 집 안 지키기고
벌 나비만 반겼다

시치미 떼는 접시꽃
확 뽑아버릴까

초원 궁전

어느 뉘가 비단길을 걸으랴
진흙길은 안 된다고
발길마다 비단풀을 깔아놓았네

그냥 밟고 가기가 무안하지만
이것도 천륜이라 여기며
여름 한철 비단길로 다녔네

목숨까지 내어놓고
저리도 길을 내어주니
분명 극락 갈 것이네
흠집 나지 않게 사뿐사뿐 걸어 다녔네

비단길이 덮이니
초원 궁전 되었네

내가 할 수 있는 일

강둑을 서성이다
그림을 그린다

가만히 있는 것
하나도 없다

동영상 보고 있는 기분이다

도화지 없어도
사시사철 그려지는 그림이다

내가 할 수 있는 일
모름지기 감탄할 뿐이다

수북3길 27-8

낭산을 비켜간 바람
망덕사지 당간지주 사이를 빠져나와
신명나게 달리는 곳
하늘 높고 바람 시원한 곳

오라고 한 적 없지만
간다고 한 적도 없지만

욕심내려
흘린 땀만큼 거둬들일 수 있다면
이젠 여기서 살 거다

새벽이슬 맞아 백발이 되어
이곳에서
못다 부른 노래를 부를 거다

해설

농담(濃淡)에 얹힌 삶의 시학

박지영 시인·문학평론가

1. 농담의 시적 효과

박성규 시인의 『이제 반딧불을 밝혀야겠다』는 그의 열 번째 시집이다. 십사 년의 시단 활동을 하는 동안 아홉 권의 시의 집을 지었다. 시인이 그동안 열정적으로 시에 파묻혀 지낸 기록이다. 그가 시를 계속 써왔다는 것은 시 쓰기의 즐거움을 터득했고 시를 쓰면서 언어적 향락을 끌어내어 즐길 줄 안다는 의미이다.

이전의 시집들과 달리 『이제 반딧불을 밝혀야겠다』에서는 고향마을에서 그의 눈에 들어온 자연에 자신을 빗대어 보고 있다. 「고민」이 접시꽃이나 「동지」의 송아지나 「입추」의 까마귀까지 다 그의 '동지'들이며 시인의 주변에 있는 사연은다 그의 식솔들이다. 그의 시를 읽으면 어린아이 같은 시심(詩心)을 대할 수 있어서 슬며시 미소 지으며 긴장했던 마음을 해제시킨다.

무논에
갓 입학한 신입생들
조회하려고
줄지어 서 있네

—「모내기」 전문

모내기 하는 것을 아주 재미있게 표현했다. 여린 새싹을 두고 초등학교에 갓 입학한 신입생들을 떠올리다니 재미있는 발상이다. 그의 시를 읽다 보면 장난기와 농담이 어우러져 있는데 이러한 언어 표현 방식은 순수한 시심에서 비롯된 것 같다.

농담의 경향이 보이는 시들은 「슈퍼문」, 「뻐꾸기 울던 날」, 「실종신고」 등등이 있다. 「슈퍼문」에서 보름달이 세수를 안 하고 나와서 얼굴이 퉁퉁 불었다거나, 「뻐꾸기 울던 날」에서는 이장이 방송으로 문단속 잘하고 다니라는 말을 듣고는, 남의 둥지에 슬며시 알을 낳고 가버리는 뻐꾸기를 빈집털이범에 비유한다거나 「실종신고」에서는 종다리가 보이지 않는다고 "이사 갔나/돈 벌러 갔나/노숙자가 됐다는 소리는 못 들었다"며 전단지를 만들어 뿌려야 한다거나 해서 피식 웃음을 자아낸다. 「눈싸움」에서 박성규 시인의 특징을 볼 수 있다.

길고양이 한 마리 고무 통에 올라가
거실 안을 훔쳐본다

나는 벽에 기대어
거실 밖을 내다본다

힘없는 눈으로 두리번거리다가
서로 눈이 마주치면 피해버린다
그러다가 다시 눈이 마주치면 눈싸움을 한다
서로 지지 않으려 핏기가 어리도록 용을 쓴다

그러기를 서너 번
힘주었던 눈을 해방시키고 나니
하늘이 어두컴컴했다

눈이 오면
다시 눈싸움 해야겠다

—「눈싸움」 전문

화자는 길고양이와 장문을 사이에 두고 눈이 몇 번 마주치자 피하지 않고 눈싸움을 한다. 고양이에게 지지 않으려 용을 쓰다가 눈을 들어보니 어둡다. 화자는 '내가 맥없이 싱겁게 뭐하고 있었던 거야'라고 말하는 대신에 "눈 오면 눈싸움 해야겠다"며 눈싸움의 동음이의어를 활용해서 눈[目]에서 눈[雪]으로 시치미 떼며 독자의 시선을 다른 곳으로 옮겨놓는다.

농담은 긴장하고 있던 제3자를 무장해제 시킨다. 「눈싸움」에서 보듯 농담은 무의식적인 것이 시어를 통해 즉각적으로 표현되고 있다. 농담은 이해를 강요하거나 설명을 하면 농담에서 오는 즐거움이 반감된다. 시도 마찬가지이다. 농담이 언어의 망을 타고 흘러가는 것처럼 언어로 상징화되는 순간 언어에 의한 즐거움을 얻는 것이다. 박성규의 시에서는 간혹 시적 화자가 자기 자신인 것 같지만 관찰자가 되어버리는 경우도 있다. 종종 관찰자의 시선으로 바라보고 있어 화자와 관찰자가 등장한다. 「짜스기 마랴」를 보면 친구의 상가에 가서 안타깝고 슬퍼 목이 메는 상황이었을 터인데 농담처럼 말하는 여유가 있다.

> 친구 하나를 먼저 보냈다
> 뱃놈이었다
> 해양대학인가 어디를 졸업하고
> 삼십여 년 동안 배를 탔다는 놈
> 장생포 앞바다 속이 궁금하다고 들어간 후

몇 며칠 나오질 않더니만
바다 속을 실컷 구경하고 나와서는
영정 속으로 들어가 버렸다
어차피 갈 곳이지만 먼저 보냈다
어느 날 술잔을 마주하다가
"야, 시발노마
이것도 시냐.
시는 마리다……" 하면서
술잔을 비우곤 했던 녀석의 영정과 마주앉아
술잔을 들려니 목이 멨다
짜스기 마랴
나한테 절 받고 싶어서
그랬던 거 같다

—「짜스기 마랴」 전문

친구의 영정사진을 마주하며 "짜스기 마랴/나한테 절 받고 싶어서/그랬던 거 같다"라고 아주 능청스럽게 슬픔마저도 웃음으로 만들어버리는 반전의 묘미가 있다. 죽음의 연유에 대해서도 "장생포 앞바다 속이 궁금하다고 들어간 후/몇 며칠 나오지 않았다"고 남의 이야기하듯이 진술하고 있다. 이 점은 시인의 시 쓰기의 장점이자 세상을 바라보는 시선이기도 하다. 슬픈 것을 슬프지 않게 낯설게 말함으로써 울림을 주며 농담을 시에 활용해 독자로 하여금 긴장을 해소함으로써 비용 절감의 효과를 얻게 한다. 프로이트는 『농담과 무의식』에서 농담에서 얻은 쾌락이 절약에 의한 쾌락임을 깨닫고 그것을 정신적 비용의 절약과 관련지어 설명했다.

2. 나는 돌연변이인가

내가 아는 '나'와 타인이 아는 '나'가 다르다. 그러니 더욱 나를 증명할 수가 없다. 내가 아는 나는 나의 '오인'이고 타인이 아는 '나'는 나의 전체가 아닌 한 '부분'에 지나지 않는다.

태어난 적도 없고
죽은 적도 없다
호적에 등재된 이름
증명할 방법 없다

증인은 이미 사라졌다
사건 당사자들이 없으니
그냥 뜬소문만 무성할 뿐이다

존재가 존재를 확인하는 시대
남이 불러주는 이름도
내 이름이라고 말 못한다

내가 거처하는 세상에는
유령들만 득실거린다

유령끼리 잘 어울려야 하는 시대
그 속에 내가 있다

—「나는 유령」 전문

위의 시에서 화자의 심리를 엿볼 수 있다. 화자는 "호적에 등재된 이름/증명할 방법 없나"고 한다. 무엇으로도 나를 증명할 방법이 없다는 것이다. 나를 낳아준 부모인 "증인"도 없고 친척이나 가족이었던 "사건의 당사자들"이 없으니 소문만 무성할 뿐이란다. 남이 불러주는 이름도 내 이름이라고 말 못하고 주변에는 알 수 없는 사람(유령)들만 득실거린다는 것이다. 현대인들의 아이러니한 심리를 표현해냈다. "내가 나를 모르는데 넌들 나를 알겠느냐"라는 유행가도 있듯 우리는 서로 이름을 호명하고 있으니 그 외에는 확인할 방법이 없다.

화자는 자신의 존재를 증명하고 싶어 '나는 누구인가?'라는 질문을 수없이 되뇌었겠지만 어떤 대답도 얻지 못했을 것이다. 「나는 유령」이란 시는 존재와 그 존재에 내포되어 있는 결핍의 문제를 건드리고 있다. 근원적인 주체의 결핍에 대한 시이다. 주체의 이름이 가르치는 곳에 주체가 있다고 가정하게 되는데 그 장소에는 아무것도 없다고 임진수는 『부분대상에서 대상a로』에서 밝히고 있다. 대상이 지칭될 때 사물의 이름에는 사물 자체가 있는 것이 아니라 이상화되고 미화된 이미지만 있으며 거기에 결핍이 생기게 마련이다. 주체는 결핍으로 존재하고 그것은 존재조건 자체의 결핍이며, 누군가를 호명할 때 존재는 분열되고 따라서 결핍의 공간이 생기게 된다는 논리이다. 한마디로 말해 존재 결핍은 "존재가 존재를 확인하는" 그런 결핍이다. 존재 결핍의 문제는 욕망과 관련이 있는데 욕망은 주체 밖의 존재를 그리워하는 것이 아니라 존재 내의 결핍 때문에 결핍을 메우려고 하는 것이다.

뱀 한 마리
허물을 벗는 중

사십여 년
껴입었던 껍질을
빠져나오는 중

허물을 벗는 일
쉬울 것 같았지만
허물이 말라가는 동안
살집은 풍선이 되어 부푸는 중

돌연변이의 뱀 한 마리

거울 안에서

똬리를 트는 중

—「거울을 보다가」 전문

화자는 거울 속의 자신의 모습에서 뱀을 떠올린다. 거울 속에 화자의 모습이 보이는 것이 아니라 "뱀 한 마리/허물을 벗는" 것이 보인다. 이런 것을 대체적으로 환상이라 한다. 밖에 있는 욕망의 대상이 주체 내면의 욕망으로 투영된 것이다. 그 대상은 허상이다. 거울 속의 이미지는 또 다른 자아이다. 자아가 투영된 상상적 세계로 라캉은 그 세계를 상상계라고 한다. 정신분석의 차원에서 이 시는 아주 중요하다. 주체가 바라본 거울은 욕망의 거울이기 때문이다.

뱀은 긍정적인 이미지와 부정적인 이미지를 다 가지고 있다. 뱀은 인류에게 두려움의 대상이었다. 뱀을 두려워하면서도 생명에 대한 경외감을 가지고 있었다. 뱀은 허물을 벗어버리기에 고대인들은 죽음으로부터 생명을 얻는 동물로, 영원한 생명을 누리는 영생의 상징으로, 풍요와 재물의 기복신으로 섬겼다. 뱀은 신비한 동물로서 눈꺼풀이 없기에 밤에도 모든 것을 볼 수 있다고 여겨 지혜의 의미도 가지고 있다. 뱀의 상징이 이러한데 시인은 "돌연변이의 뱀 한 마리/거울 안에서/똬리를 트는 중"이라 한다. 뱀과 화자가 동일시를 통해 그 속성을 공유하려는 것인가? 아니면 허물을 벗음으로써 새로워지는 뱀처럼 화자 자신도 새로워지고 싶은 욕망의 발로인가? 돌연변이라는 말은 또 다른 의미로 문을 열어놓게 된다.

> 삐거덕거리는 소리가 들렸다
> 오래도록 끌어서 나는 소리였다
> 주위를 돌아봐도 흔적이 없었다
> 분명 달구지 소리였다
> 지친 육신을 끌고 가는 나뿐이었다
>
> 내가 달구지였다
>
> —「달구지」 전문

「달구지」를 보면 재미있다. 주위를 둘러보아도 아무도 없는데 삐거덕거리는 소리가 들렸다고 한다. 지친 육신을 끌고 가는 '나'에게서 나는 소리란다. 자신이 곧 달구지란다. 그렇다면 화자는 유령이고 돌연변이의 뱀이며 달구지이다. 자기 자신을 계속 변형시키고 있다. 유령→뱀→달구지로 이동해 간다. 이렇듯 그는 그의 주변에 있는 자연과 쉽게 동화된다. 송아지와는 "자유를 갈망하는 동지"(「동지」)라고 하지 않는가. 그는 자연에서 자신의 모습을 찾고 자연의 모습을 닮으려 한다.

위의 세 편의 시에서 표출된 유령, 뱀, 달구지 소리는 실재

하는 현실이 아니라 화자의 환상 속의 팩트라는 것이 중요하다. 달구지 소리도 현실에서 들었던 것이 아니다. 우리는 사실 환상 속에서 살고 있다. 우리의 머릿속에서 생각하는 것들은 대체적으로 환상에 속한다. 머릿속에 떠오르는 환상들은 실재하는 현실이 아니라 심리적인 현실이다. 그럼 환상은 왜 만들어지는가? 우리의 욕망이 환상을 만들어낸다. 환상은 욕망의 다른 표현이다. 욕망은 각 주체에 따라 대상이 다르게 나타난다. 그런 의미에서 위의 시에 나타난 유령, 뱀, 달구지 소리는 화자의 욕망이 불러낸 것이다. 주체의 존재 결핍으로 인해 자꾸 다른 은유로 이동해 간다.

3. 순리를 따르다

박성규 시인의 시집 전편에서 그가 외롭다거나 쓸쓸하다거나 삶이 고통스럽다거나 하는 표현이 거의 보이지 않았다. 그런 시인이 눈물을 담아두기 위해 가방을 메고 다녔다니 그의 삶의 무게가 어느 정도 가늠된다.

집을 나서면
가방부터 들쳐 멘다

이건 습관이다
아낙네들 손가방처럼은 아니지만
폼 잡으려는 건 아니다
가방을 메면 등이 따뜻하기 때문이다

기댈 곳 없었던 타향에서
내가 나에게 기대기 위해 메었던 가방
어쩌면 눈물을 담아두기 위해
메었을지도 모를

—「가방」 전문

박성규 시인은 늘 가방을 가지고 다니나 보다. 메모장이나 필기도구 시집 두어 권 넣고 다니려면 가방이 제격이다. 여자들에게는 가방이나 핸드백이 제 몸과 하나다. 집 밖을 나갈 때면 어디든 항상 같이 간다. 가방을 늘 들고 다니다가 안 가져간 날은 뭔가 잃어버린 듯 허전하다. 그도 집을 나설 때면 가방부터 챙긴단다. 아주 습관이 돼버렸단다. 제 몸의 일부처럼 같이 다니는 것은 허전한 등허리 채워주어 따뜻하기 때문이라는데, 정말 가방을 등에 메었다고 등이 따뜻하기야 하겠냐마는 이건 순전히 심리적인 것이다. 그것을 잘 드러낸 구절이 3연에 있다. "내가 나에게 기대기 위해"서이고 "눈물을 담아두기 위해" 가방을 메었다는 것이다. 외출을 할 때 가방을 챙기는 것만으로도 마음에 위안이 되었다면, 그가 가방을 남다르게 생각한다는 의미이다.

가방에서 화자의 페티시즘적 요소를 읽어낼 수 있다. "내가 나에게 기대기 위해"서이고 "눈물을 담아두기 위해"서라는 말이 그것을 의미한다. 페티시즘은 도착증에 속한다. 페티시즘적인 사람들의 유형은 대부분 아버지와의 경쟁을 피하고 아버지로부터 자유롭다고 한다. 아버지의 법을 그대로 받아들인다는 의미이다. 박성규 시인이 아버지의 은유를 순종적으로 잘 받아들이고 있음을 보여주는 시가 있다.

심을 시기 놓쳐서
어렵사리 심은 감자
하얗게 꽃 피웠네

어여쁜 꽃을 꺾는다는 것
가슴 아픈 일이지만
아버지 말씀을 따르자니
어쩔 수 없었네

이치가 그렇다 하니
어쩔 수 없었네

—「순리」 전문

매사 조건에 따라

홍정할 줄도 알아야 한다
자연 앞에선
절대 고집 피워선 안 된다고

―「홍정」 부분

인생의 이치를 아주 단순하게 짧은 시에 다 담아냈다. 예뻐서 가슴에 품고 싶어도 아버지가 "안 된다" 하면 버려야 한다는 것을 이 시에서 말하고 있다. 감자꽃을 피우면 땅속 뿌리에서 감자알이 크게 영글지 않는다. 그래서 감자꽃을 꺾어 버려야 한다. 단순한 이치이지만 우리의 인생여정에서 이 순리를 져버리는 경우가 있다. 프로이트는 이런 순리를 두고 '아버지의 은유'라고도 하고 '오이디푸스콤플렉스의 구조'라고도 한다. 어린 시절 '아버지의 은유'를 순리대로 받아들이지 못하면 각종 신경증이나 정신증이 된다고 한다. 시인은 아버지 말씀이 자연의 이치와 같은 순리라고 받아들이고 있다. 「홍정」에서도 그는 순응하고 순리를 따라야 한다는 것을 말한다. 자연 앞에서 "절대 고집 피워서는 안 된다"는 진술을 내놓기에 이른다. 이 말은 누구나 알고 있는 일반적인 말이지만 알고 있는 것과 글로 표현해냈다는 것에는 차이가 있다. 그에게 아버지의 존재는 대자연과 같이 큰 존재라는 것을 에두른 표현이리라.

아버지 손톱은 늘 검으셨다
어릴 적부터 당연한 줄로만 알았다
고사리 내 손
절대 아버지 닮지 않을 거라고 생각했다
그랬던 내 손톱이
이제는 시커멓게 변해 있다
불려서 우려내듯 뽀득 뽀득 씻어도 검다
그 좋다던 비누도 소용없다
시커멓게 되는 것
유전일까
아버지 흉내 내는 걸까
손톱 밑 때만도 못하다는 소리 듣고 자라
손톱 밑의 때 잘 보인 건가

—「유전법칙」 전문

화자의 아버지가 예전에 농사를 지으셨다면 손이 곱지 않고 검고 투박하고 손톱 밑이 풀물이 배어 검었을 것이다. 화자는 그런 아버지의 손이 싫어서 절대 담지 않을 거라 했지만 지금 그의 "손톱이/이제는 시커멓게 변해 있"는 것을 본다. 씻어도 씻어도 검다. "유전일까/아버지 흉내 내는 걸까" 하고 궁리하고 있다. 화자는 의식하지 못하고 있지만 오라고 한 적 없는 고향에 집을 짓고 아버지처럼 집 앞에 채전을 가꾸며 예전의 아버지를 닮아가고 있다. 은연중에 동일시[1])를 일으키고 있는 것이다.

4. 막과 막 사이에서

사람과 사람 사이의 보이지 않는 막이 있듯 사물과 사물 사이에도 막이 있고 시간의 흐름에도 보이지 않는 막이 있다. 모든 관계에는 막(벽)이 있기 마련이다. 그 경계를 시인은 막이라고 하고 '막'이란 말에서 연극의 막을 연상해낸다. 인생살이가 연극이라 하니 인생살이를 펼쳐놓고 보면 사이사이 막이 있을 거라 사유한다.

너와 나
나와 우리
과거와 현재
현재와 미래
그 사이엔 막이 있다

인생살이가 연극이라 했으니

1) 어린 시절 금지된 대상인 어머니를 포기하고 〈아버지의-이름〉으로 대체하는 것은 심리구조화의 차원에 있다. 아버지와 상징적 동일시가 이루어져야만 어머니의 상실이 이루어지게 된다.

당연히 막이 있을 터
두부 자르듯 자를 순 없어도
긴 여정을 바닥에 패대기쳐놓고 보면
사이사이에 있었던 막
볼 수 있으려나

원두막에 앉아서
햇살과 그늘 사이에 생긴 금을 바라본다
구름 그림자가 원두막을 삼키는 한여름
그늘은
막을 위해 살고 있다

—「그늘도 막이 있다」 전문

태양더러 측량하여
지적도를 그려 달랬더니
그림자로 금을 그었다

그림자를 사이에 두고
졸지에 편을 갈라선 잡초들
징징대며 바람소리를 내었다

—「경계측량」 부분

햇볕과 그늘이 그어놓은 금에서 막을 찾아낸 화자의 눈이 예사롭지 않다. “너와 나/나와 우리” 사이의 막은 눈으로 보이지 않는 막이다. 화자는 마침 원두막에 앉아 볕이 들어와 밝은 부분과 그림자가 생긴 부분의 경계를 바라보며 저기에도 막이 있다며, 그늘은 막을 위해 살고 있다는 생각을 한다. 「경계측량」의 “그림자로 금을 그었다”에서 보듯 이 시의 표현이 확장되어 「그늘도 막이 있다」는 시가 나온 것 같다. “그림자로 금을 그었다”에서 ㄱ음의 두음 효과를 잘 살려냈다. “막”이 연극의 막에서 원두막까지 연상으로 뻗어 나갔다. 막과 연극의 막은 의미의 유사성으로 원두막의 막은 소리의 유사성으로 연결되어 있다. 시는 의미라기보다 소리다. 시는 소리로 들어야 온전하게 느낄 수 있다. 소리에서 오는 언어적 향락이 있기 때문이다.

「그늘도 막이 있다」에서는 두 가지 측면이 보인다. 하나는 아버지의 은유를 받아들여야 한다는 심리와 또 하나는 금지의 경계선을 벗어나고 싶은 심리가 팽팽히 맞서고 있다. 그늘에 의해 생기는 “금”에서 박성규 시인은 금지의 경계선을 연상하면서 “자연 앞에선/절대 고집 피워선 안 된다”(「홍정」)는 것과 “아버지 말씀”(「순리」) 따라야 한다는 것을 더욱 확고하게 보여주고 있다. 하지만 그 이면에는 금지를 금하고 싶은 충동이 도사리고 있다. 그래서인지 박성규 시인은 모든 사물과의 경계를 허물고 싶어 한다. 위의 시에서 유령→뱀→달구지로 이동해 간 것이나 주변에 있는 자연과 동화하면서 보이지 않는 "막"을 걷어내고 싶었는지도 모르겠다. 그래서 그것을 언표화하기 위해 시인이 시를 쓰나 보다.

박성규 시인의 시는 언뜻 보아서는 직설적인 화법에 언어 표현의 묘미도 두드러지지 않아 단순해 보인다. 그러나 박성규 시인만의 어법을 가지고 있다. 특히 농담의 시적 효과가 크다. 어찌 보면 동심(童心)에서 볼 수 있는 언어 표현이지만 그 나름의 긍정성과 투명성을 가지고 있다. 그 명징한 언어 표현이 그의 서정과 맞물려 또 다른 울림을 빚어내고 있다.

달과 별, 종다리, 메뚜기, 피마자, 쑥, 접시꽃, 수련을 보면서 맑은 마음을 길어 올려 자연과 소통하며 자신의 삶을 성찰하고 있다. 그는 얼마 전에 평생 몸담았던 직장을 떠나 고향 경주 수북3길 27-8번지에 집을 짓고 들어앉았다. 오라고 한 적 없는 고향이지만 거기 살며 못다 부른 노래를 부를 거라고 다짐한다. 못다 부른 노래란 그가 앞으로 쓰고자 하는 詩이리라. 고향에 둥지를 틀고 자연에 몸을 담고 순리에 적응해 가는 그의 모습이 선연하게 그려진다. "우주 저 먼 곳까지 내가 주인이 되는 곳에 터를 잡으니 황제가 따로 없다"(「황제가 되다」)고 했듯, 고향 경주에서 신라의 향기가 배어나는 새로운 시의 행보를 기대해본다.

이 도서의 국립중앙도서관 출판시도서목록(CIP)은 서지정보유통지원시스템 홈페이지(http://seoji.nl.go.kr)와 국가자료공동목록시스템(http://www.nl.go.kr/kolisnet)에서 이용하실 수 있습니다.(CIP제어번호: CIP2017006210)

문학의전당 시인선 0252

이제 반딧불을 밝혀야겠다

초판 2쇄 발행 2017년 3월 30일
초판 3쇄 발행 2017년 4월 12일

지은이 박성규
펴낸이 고영
책임편집 서윤후
디자인 헤이존
펴낸곳 문학의전당
출판등록 제2017-000002호
주소 서울시 마포구 마포대로 11길 91, 3층
전화 02-852-1977 팩스 02-852-1978
전자우편 sbpoem@naver.com

ISBN 979-11-5896-310-1 03810